KiWi 116

Heinrich Böll
Brief an einen jungen Katholiken

Heinrich Böll

Brief an einen jungen Katholiken

Brief an einen jungen Nichtkatholiken

Mit einem Vorwort von Franz Alt

Kiepenheuer & Witsch

© 1961, 1966, 1986 by Verlag Kiepenheuer & Witsch, Köln
Umschlag Hannes Jähn, Köln
Satz Froitzheim, Bonn
Druck und Bindearbeiten May + Co, Darmstadt
ISBN 3 462 01799 3

Inhalt

Franz Alt   Vorwort 9
Brief an einen jungen Katholiken 17
Brief an einen jungen Nichtkatholiken 43

Heinrich Böll und das Jesustum

Heinrich Böll war 20 Jahre alt und holte sich auf einem Einkehrtag das »geistige Rüstzeug für den Dienst in der Wehrmacht«, als ich, 1938, geboren wurde. Als ich 20 Jahre alt war, 1958, hat Heinrich Böll seinen berühmten »Brief an einen jungen Katholiken« geschrieben.

Der Brief zum Thema Soldat und Gewissen war auch an mich gerichtet. Doch ich habe ihn nicht gelesen. Er hätte mich wahrscheinlich innerlich auch gar nicht erreicht. Damals bereitete ich mich in einer katholischen Schule aufs Abitur vor und war sehr aktiv in der katholischen Jugendarbeit. »Wehrdienst verweigern« kam mir nicht einmal in den Sinn. Zu sehr war ich vom katholischen Milieu geprägt. Weil ich später einige Semester katholische Theologie studierte, kam ich um die Bundeswehr ganz einfach herum. Heute frage ich mich, warum eigentlich. Das Theologiestudium hat mich vor einer Gewissensentscheidung bewahrt, die mir fehlt bis zum heutigen Tag. Kirchen haben den Auftrag, Gewissen zu schärfen. Aber künftige Priester werden um eine ganz wichtige eigene Gewissens-Erfahrung betrogen, indem man sie ihnen erspart. Die nach wie vor enge Verbindung von Thron und Altar hat das so geregelt, einfach so.

Sehr bequem, aber unfair gegenüber Nichttheologen und wenig hilfreich für die Gewissensschärfung der künftigen Theologen. Die Instanz des Gewissens anzusprechen sei »heute schon verdächtig geworden«, schrieb Böll dem jungen Katholiken 1958. Als ich im Frühjahr 1986 beim Zentralkomitee der Deutschen Katholiken anfragte, ob auf dem diesjährigen Katholikentag in Aachen das Thema »weltweites Friedenskonzil« behandelt würde, Frieden sei schließlich eine Gewissensfrage für Katholiken, wurde ich abgeschmettert mit der Auskunft: »Kein Thema«. Was muß eigentlich atomar noch passieren, bis für den offiziellen deutschen Katholizismus etwas passiert? Für Jesus waren Frieden und Feindesliebe zentrale Themen. Seine offiziellen Nachfolger haben nur noch Angst vor diesen Themen. Das ist der alltägliche, feige katholische Verrat an dem Meister der Gewaltlosigkeit aus Nazareth. Darüber war Heinrich Böll so verzweifelt, wie jeder Jesus-Jünger verzweifelt sein muß. In der Friedensfrage sind die offiziellen Katholiken der Bundesrepublik gelegentlich zwar sehr maulig, aber selten mündig im Sinne Jesu.

Im Zweifel ist ihnen das NATO-tum immer wichtiger als die Bergpredigt. Man lese in der Bergpredigt nach, was Jesus über diejenigen sagt, die ihn für Lippenbekenntnisse mißbrauchen. Jesus wird viel häufiger sonntags verramscht als werktags gelebt. Die Bergpredigt enthält jene Nahrung, die Heinrich Böll »Brot« nannte. Lebensnotwendiges Brot für den Alltag. Brot, das mehr ist als Nahrungsmittel: Lebensmittel. Brot, das »wir selber backen müssen.« Die Groß-Kirchen haben daraus eine unverbindliche und für die Gesundheit gefährliche Süß-Speise gemacht. Süß-Speisen sind immer eine zweifelhafte Kost. Christen, die diesen Namen verdienen, sollten jedoch »Salz der Erde«, »Brot für die Welt«, »Sauerteig« sein, nicht das süßliche

Schmieröl der jeweiligen gesellschaftlichen Verhältnisse.

Heinrich Bölls »Brief an einen jungen Katholiken« hat lange auf mich gewartet. Ich habe ihn erst 1982 gelesen. Ich mußte 44 Jahre werden, eine typische Männer-Krise in der Lebens-Mitte erleben, eine Psychotherapie durchmachen, bis ich Böll begreifen konnte. Danach allerdings hat mich dieser Brief voll erwischt.

Ich wünsche vielen, von diesem Brief – rechtzeitig – erwischt zu werden. Erst danach konnte ich »Frieden ist möglich – Die Politik der Bergpredigt« schreiben. Zufall war das nicht. Da war mir etwas zu-gefallen. Danke, Heinrich Böll.

Der Mann aus Nazareth, seine Bergpredigt, die Radikalität seines Humanismus waren für Böll Maßstäbe. Religion heißt für ihn ganz einfach: Nachfolge Jesu. Sein Brief riecht nach dieser Jesus-Forderung: »Sagt ganz einfach Ja oder Nein – alles andere ist vom Teufel.« Die Bergpredigt, Matthäus 5–7, in der diese »Ja-Nein«-Ethik steht, hat Heinrich Böll ein »Juwel«, »eine Kostbarkeit« genannt. Viele Bischöfe und Politiker triefen vom »Ja, aber« und vom »Jein«. Sie haben die Beliebigkeit gepachtet. Böll war eindeutig und wahrhaftig. Deshalb wurde und wird er ernstgenommen. Sein Zeichen für Wahrhaftigkeit ist die Eindeutigkeit. Undeutlich reden heißt unredlich deuten – nur deutlich reden heißt im Atomzeitalter redlich deuten.

Bölls Brief ist sehr katholisch. Aber er sprach und spricht auch viele Nichtkatholiken an. Woher kommt das in einer Zeit, in der das Katholische in der Bundesrepublik außerhalb der Kirche ja nicht sonderlich attraktiv ist? Das wesentlich Katholische war für Heinrich Böll immer Jesus, nicht Theologien und Philosophien über Jesus. Für die Großkirchen jedoch sind das Taktieren mit dem Staat, Rücksicht auf die CDU/CSU oder allenfalls der Theologe Paulus oft wichtiger als der Bergprediger, 1958 ebenso wie 1986.

Sie entschuldigen sich eher für Jesus, als daß sie anfangen, ihn ernst zu nehmen. Von Bismarck über Schmidt und Carstens bis Kohl werden christliche deutsche Politiker nicht müde zu behaupten, mit der Bergpredigt könne »man« nicht regieren. Als ob sie es schon je versucht hätten!

In einem katholischen Katechismus lese ich: »Die Anweisungen in der Bergpredigt sind nicht wörtlich zu nehmen, weil das sowohl im privaten wie im öffentlichen Leben zu unhaltbaren Zuständen führen würde.« Die Angst vieler Kirchenvertreter und vieler christlicher Politiker vor Jesus ist begründet. Die »Zustände« würden wirklich unhaltbar, wenn wir den Mann aus Nazareth ernst nähmen. Ich denke da an die militärischen »Zustände«, die atomare Rüstung oder an die Ausbeutung der Dritten Welt durch unseren Lebensstil. Auch unsere privaten »Zustände« sind mit der Bergpredigt gemeint. »Vielleicht«, hat Böll einmal geschrieben, »kommt das Christentum aus dem gebeutelten Lateinamerika als Jesustum zu uns zurück.« Unter Christentum oder Jesustum verstand er nicht notariell verbriefte Besitzstände: »Es gehört allen, auch denen, die sich nicht dazu bekennen.« Weil er die Bergpredigt lebte, wurde er konsequenterweise zum Kritiker der Amtskirche. Das Christentum kokettiert seit 1 600 Jahren mit den Mächtigen, Jesustum meint die Schwachen, die Mühseligen, die Suchenden. Jesustum ist Christentum von unten. Bölls Jesustum ist so ansteckend, weil konkret und praktisch. Im Komitee »Cap Anamur« haben wir das bis in seine letzten Lebensmonate erlebt. Als nichtwissende, aber dummschwätzende – diesmal eher »linke« – Politiker die Frage stellten, ob das Rettungsschiff im südchinesischen Meer auch die richtigen Flüchtlinge rette oder die Boat-people nicht eher Wirtschaftsflüchtlinge oder Bordell-Besitzer seien, hat der urchristliche Provokateur kühl zurückgefragt, ob man Bordellbesitzer nicht vor dem Ertrinken retten dürfe.

Was würde er nach Tschernobyl gesagt haben? Er hätte wohl darauf verwiesen, daß wir noch Glück im Unglück gehabt haben, aber gefragt, wie lange wir dieses atomare Glücksspiel noch treiben wollen. Er hätte vielleicht darauf aufmerksam gemacht, daß diesmal die Giftwolke Millionen erschreckt hat, aber schon das nächstemal ein großes Leichentuch am Himmel für Millionen sein kann. Und vielleicht hätte er auch zu bedenken gegeben, was auf russisch »Tschernobylnik« heißt. In der Apokalypse Kapitel 8, Vers 10, ist von einem Stern die Rede, der vom Himmel fällt und ein »Drittel des Wassers bitter« macht. Dieser Stern wird »Bitterkeit« genannt. Bitterkeit aber heißt auf russisch »Tschernobylnik«. Vielleicht hätte der Meister des Wortes gefragt, ob wir noch Phantasie genug haben, den Sinn dieses 2000 Jahre alten Wortes zu verstehen. »Apokalypse« heißt Offenbarung. Was macht uns dieses überraschende Wort offenbar?

Die atomare Entwicklung ist nicht »Brot des Lebens«, sondern erweist sich immer mehr als das größte Gift. Atom steht für jenen alttestamentlichen

»Baum in der Mitte«, von dem wir nicht essen sollten. Die Früchte von diesem Baum bekommen uns nicht. A-tomos, un-teilbar, haben nicht zufällig die griechischen Philosophen das Atom genannt. Wir leben weder vom Atomstrom noch von der Atombombe, sondern von reiner Luft, sauberem Wasser, strahlender Sonne, gesunden Böden und genießbaren Pflanzen. Ein wachsender Grashalm, eine blühende Rose oder gar ein Kind enthalten mehr Theologie als das dickste theologische Werk. Wir glauben nicht mehr an Wunder, weil wir sie nicht mehr sehen. Die indischen Veden[1] lehren uns ebenso wie Jesus: Gott schläft in den Steinen, atmet in Pflanzen, träumt in Tieren und erwacht in uns Menschen – falls wir ihn in uns erwachen lassen.

Auf die Bergpredigt vertrauende Menschen sollten leichten Sinnes leben und Politik machen, aber nicht leichtsinnige Atompolitik. Wir können nicht zwei Herren dienen. Gott oder Mammon? Religiös sein heißt heute die Heiligkeit der Schöpfungsordnung achten und nicht die gesamte Schöpfung aufs Spiel setzen. Ach, wären die Konservativen doch endlich in diesem ganz aktuellen Sinne konservativ!

Ich habe Heinrich Böll in Situationen erlebt, in denen es ihm gar nicht gut ging, er aber anderen noch immer Mut gemacht und geholfen hat. Sein »Brief an einen jungen Katholiken« wird auch heute vielen Mut machen.

Vor einem Jahr ist Heinrich Böll gestorben. Damals haben viele gefühlt und geschrieben: »Wir sind ärmer geworden.« Der jetzt wieder publizierte Brief zeigt, wie reich uns Heinrich Böll in Wirklichkeit gemacht hat. Der Tote lebt in vielen Herzen – als Bruder. Er sei »keiner Obrigkeit untertan«

gewesen, schrieb die »ZEIT« zu Bölls Abschied. Da wurde die für Heinrich Böll entscheidende Obrigkeit unterschlagen. Jene »Obrigkeit«, die ihn tatsächlich unabhängig werden ließ von allen anderen Obrigkeiten.

»Der Mensch ist ja ein Gottesbeweis«, hat er einmal gesagt. Wir kommen woanders her und gehören woanders hin. Wie er das meine, hat ein Theologe zurückgefragt. »Weil wir uns auf dieser Erde nicht ganz zu Hause fühlen.«

Mit diesem Buch grüßt uns Heinrich Böll aus seiner wahren Heimat.

Baden-Baden, im Juli 1986   Franz Alt

Brief an einen jungen Katholiken

1958

Lieber Herr M.!

Als wir uns neulich bei Pfarrer U. kennenlernten, kamen Sie gerade von einem jener Einkehrtage, wie man sie für einrückende Rekruten veranstaltet. Man hatte Sie dort vor den moralischen Gefahren des Soldatenlebens gewarnt, und – wie es bei diesen Warnungen üblich ist – wurde Moral immer noch mit sexueller Moral identifiziert. Ich will mich nicht damit aufhalten, Ihnen auseinanderzulegen, welch ein immenser theologischer Irrtum in dieser Identifizierung liegt; er ist offenkundig genug; an dieser einseitigen Interpretation der Moral leidet der gesamte europäische Katholizismus seit ungefähr hundert Jahren.

Als ich in Ihrem Alter war, zwanzig, das war im Jahre 1938, ließ auch ich mich überreden, an einem Einkehrtag für einrückende Rekruten teilzunehmen. Auf der Einladung stand etwas von »geistigem Rüstzeug für den Dienst in der Wehrmacht«. Der Einkehrtag fand in einem jener Klöster statt, wie sie uns das ausgehende neunzehnte Jahrhundert geschenkt hat: gelber Backstein, neugotische, dunkle Flure, in denen eine trübselige Demut sauer geworden war. Das kleine Kloster beherbergte ein Internat für junge Mädchen, die dort in der Kunst unterrichtet wurden, einen »bürgerlichen Haushalt« zu führen. Sorgfältig hatte man die am wenigsten hübschen Mädchen ausgewählt, uns nach der heiligen Messe das Frühstück zu servieren; aber es gibt kaum achtzehnjährige Mädchen, die nicht hübsch wirken angesichts der trostlosen kirchlichen Architektur des ausgehenden Jahrhunderts.

Nach dem Frühstück gab es das geistige Rüstzeug. Zunächst sprach der Priester, der den Einkehrtag leitete, etwa eine halbe Stunde über den Hauptmann von Kapharnaum, auf dessen schwache Schultern man seit etwa einem Jahrhundert die theologische Rechtfertigung der allgemeinen Dienstpflicht zu laden pflegt. Nun, die Toten können sich nicht wehren, und der arme Hauptmann mußte für alles herhalten, was damals an landläufigen Phrasen verzapft wurde: Volk ohne Raum, bolschewistische Bedrohung, gerechte Verteidigung. Geben Sie immer acht, junger Freund, wenn die Theologen von gerechter Verteidigung sprechen. Das Wort ist so groß und so billig, daß es eigentlich verboten werden müßte. Die Enkel jener Männer, die 1914 gefallen sind, werden heute an Atomkanonen ausgebildet, und immer noch nicht, nach 44 Jahren noch nicht, sind sich die Historiker einig darüber, wer sich im Jahre 1914 nun im Stande der gerechten Verteidigung befand. Wer sollte sich da an einem solchen Begriff trösten können? Sollten Sie jedoch nach historischen Beispielen für gerechte Verteidigung suchen, so finden Sie deren einige in der jüngsten Vergangenheit: das bolschewistische Rußland befand sich im Jahre 1941, als die deutsche Wehrmacht dort einfiel, im Zustand der gerechten Verteidigung; Dänemark, Norwegen, Frankreich – nehmen Sie sich eine Europakarte vor, und zählen Sie die Länder ab.

Der Priester, der den Einkehrtag leitete, konnte sich einiger soldatischer Erfahrung rühmen: Er war im Weltkrieg Feldwebel gewesen und war einer der wenigen Träger des *Pour le Mérite* der Unteroffiziersklasse. Dem Vortrag über den Hauptmann von Kapharnaum – ach, dieser Hauptmannskomplex des deutschen Bürgers! – folgte eine praktische Unterweisung, die darin bestand, uns Ratschläge zu geben, wie wir bei der unvermeidlichen Teilnahme an Kompaniefesten und Kameradschaftsabenden der Trunkenheit entgehen könnten; sich vor Trunkenheit zu hüten war wichtig, weil nach Kompaniefesten und Kameradschaftsabenden immer der kollektive Bordellbesuch zu folgen pflegte; die Gefahren, vor denen wir gewarnt wurden, waren »sittliche«, was bedeuten sollte: sexuelle.

Um diese Zeit, im Sommer 1938, waren die meisten meiner Schulkameraden längst aus den verschiedenen katholischen Jugendgruppen in die HJ oder ins Jungvolk übergewechselt; ich begegnete ihnen manchmal, wenn sie an der Spitze ihrer Gruppen durch die Stadt marschierten; sie lächelten mir entschuldigend zu, wenn ihre Gruppe gerade sang: »Wenn das Judenblut vom Messer spritzt ...«, ich erwiderte das entschuldigende Lächeln nicht. Ich weiß nicht, welche Gefahr sittlich die größere war, mit einhundert Zehnjährigen zu singen: »Wenn das Judenblut vom Messer spritzt ...«, oder ein sexueller Fehltritt. Ich habe einiges an Widerwärtigkeiten während der Jahre bei der Wehrmacht erleben müssen, aber nicht ein einziges Mal habe ich erlebt, daß jemand zu einem sexuellen Fehltritt gezwungen wurde; nichts imponiert den Menschen im allgemeinen mehr als eine bestimmte Ansicht über bestimmte Dinge.

Der Priester riet uns, vor solchen Kompaniesaufereien tüchtig Fleisch zu essen, in viel Fett gebraten, oder rohes Hackfleisch, gute Mettwurst; wir sollten uns eine gute Unterlage besorgen, um Trunkenheit und die damit verbundenen sittlichen

Gefahren zu meiden. Mir vergeht heute noch der Appetit, wenn ich mich der Einzelheiten dieser ekelhaften Kulinarik entsinne; im übrigen waren die Ratschläge nicht nur medizinisch falsch, sondern auch rein versorgungstechnisch von einer himmelschreienden Naivität: Wie sollte ein armer Rekrut des Jahres 1940 oder 1941 an Fleisch kommen, und zwar in solchen Quantitäten?

Es folgte dann – bedaure, aber die Dirnen spielten wirklich die Hauptrolle – eine weitere Warnung vor jenen gefährlichen Wesen; er selber hatte im ersten Weltkrieg als Bursche eines Hauptmanns (!!) hin und wieder eine solche Dame in das Quartier des Epaulettierten holen müssen; offenbar war es ihm nie in den Sinn gekommen, möglicherweise diesen Befehl zu verweigern (was sogar juristisch möglich gewesen wäre, aber ein deutscher Katholik verweigert wohl nicht den Befehl), und nun beschrieb er uns die Taktiken, mit denen er den Lockungen dieser Personen entgangen war. Er sprach offen, so wie man eben »unter Soldaten« spricht, und diese Offenheit war schon eklig genug.

Dann gab es gemeinsames Mittagessen, es folgte eine weitere Unterweisung, die darin bestand, uns zur Tapferkeit, zum Gehorsam zu ermahnen, nach der beliebten Auffassung: die Katholiken immer vorne, wir sind doch keine Schlappschwänze. Ach, junger Freund, zwei Himmelreiche, drei, für einen Priester, der einmal die Schwachen, die Feigen, die Plattfüßler, die körperlich Untüchtigen gegen diese Turnlehrertheologie verteidigen würde. Es kam noch einmal der Hauptmann von Kapharnaum an die Reihe, dann gab es Kaffee. Waren die Mädchen, die uns bedienten, wirklich hübscher geworden, oder erschien es mir nur so nach achtstündiger Gefangenschaft in diesem Gebäude?

Wir wurden entlassen. Kein Wort über Hitler, kein Wort über Antisemitismus, über etwaige Konflikte zwischen Befehl und Gewissen. Wir hatten unser geistiges Rüstzeug weg und schlichen durch die düstere Vorstadt nach Hause.

Vier Jahre später war ich Dolmetscher bei einer Ortskommandantur in einem kleinen französischen Badeort, und eine meiner Aufgaben war die höchst ehrenvolle, morgens so gegen neun in das Bordell zu gehen und jene Gegenstände einzusammeln, die von betrunkenen Unteroffizieren, Feldwebeln und Offizieren während der Nacht in diesen trostlosen Venusquartieren liegengelassen worden waren: Brieftaschen, Geldbörsen, Führerscheine, hin und wieder einmal war es auch eine Pistole oder ein Briefumschlag mit Fotos der liebenden Gattin und der geliebten Kinder. Wie trostlos waren diese kleinen Orte an der französischen Küste! Die Bevölkerung war zum größten Teil evakuiert, riesige Hotels verkamen, Sprengbrocken lagen am Strand, in den Spielkasinos fuhren die Ratten Karussell auf den Roulettetischen; der kleine Hafen war fast verödet, die Soldaten langweilten sich in den Bunkern und lauerten voller Spannung auf Brieftauben, die manchmal landwärts flogen. Es war befohlen, diese Tauben abzuschießen, und wie glücklich waren die armen, vom Stumpfsinn Geplagten, wenn wirklich einmal eine Taube auftauchte; sofort knallte es aus allen Ecken wie beim Schützenfest; manchmal wurde sogar eine Taube abgeschossen; die Meldungen, die diese hübschen Tiere hätten nach England bringen sollen, die aber nun in aufgeregten Regimentsstäben dechiffriert wurden, lauteten fast immer gleich: Die Moral der Truppe ist schlecht, die Truppe hat Hunger.

Durch dieses verödete Nest also schlich ich mit dem Karabiner auf dem Rücken und suchte aus der Liebeskaserne die Habseligkeiten der Venusjünger aller Dienstgrade zusammen; eine ältliche Dame mit verquollenem Gesicht stellte mir eine Tasse Kaffee hin, stieg uralte Treppen hinauf, und ich hörte oben die gereizten Stimmen der übernächtigten Mädchen. Die Bar, in der ich meistens wartete, meine Hände an der Kaffeetasse wärmend, war noch nicht aufgeräumt; das Aussehen eines viel frequentierten Ausschanks am frühen Morgen – muß ich es Ihnen beschreiben? Manchmal mußte ich lange warten, dann ging ich in die Küche, goß mir eine zweite Tasse Kaffee ein – dazu war ich ermächtigt, denn ich war mit Madame fast befreundet –, und wenn ich Glück hatte, erlebte ich noch die Ankunft der Reinigungsfrau, einer jungen Bäuerin aus einem Nachbardorf; ich erfreute mein Herz mit dem Anblick ihres vom Radfahren erhitzten Gesichts, ihrer kräftigen Beine, ihrer Brust, der hellgrauen Augen; ich half ihr die Stühle auf die Tische stellen, die Aschenbecher leeren, holte ihr Wasser, und es stärkte meine angeknackste Moral, daß ich inmitten dieser absolut sinnlosen Existenz etwas so Positives tun konnte wie: Stühle stapeln, Aschenbecher säubern, Wasser holen, noch dazu für eine so hübsche junge Frau. Wenn Madame dann nach unten kam und mir die vermißten Gegenstände aushändigte, tranken wir drei gemeinsam Kaffee und unterhielten uns über den Unterschied zwischen praktizierenden und nicht praktizierenden Katholiken; Germaine, die junge Bäuerin, praktizierte wie ich, Madame nicht. Manchmal auch kamen zwei oder drei Mädchen herunter, die nicht mehr hatten einschlafen können, wir frühstückten zu vieren oder fünfen, und ich spielte später, während Germaine putzte und Madame ihre Kasse prüfte, beim langsam erkaltenden Kaffee eine Art Mensch-ärgere-dich-nicht mit den Mädchen, oder wir betrachten kopfschüttelnd ein Familienfoto: Mein Gott, diese biedere Schulmeistersfrau mit dem hübschen Töchterchen auf dem Arm, hatte sie sich auf der Veranda knipsen lassen, um dem Leutnantsgatten zu beweisen, welch eine schöne Bluse sie sich aus der französischen Seide hatte schneidern lassen? Sittliche Gefahr? Sie bestand – aber sie bestand nicht in den Verlockungen jener Geschöpfe. Ich habe die Klienten dieser Häuser nie verachten können, weil es mir unmöglich ist, das, was man irrigerweise die körperliche Liebe nennt, zu verachten; sie ist die Substanz eines Sakraments, und ich zolle ihr Ehrfurcht, die ich auch dem ungeweihten Brot als der Substanz eines Sakraments zolle; die Spaltung der Liebe in die sogenannte körperliche und die andere ist angreifbar, vielleicht unzulässig; es gibt nie rein die körperliche, nie rein die andere; beide enthalten immer eine Beimischung der anderen, sei es auch nur eine winzige. Wir sind weder reine Geister noch reine Körper, und das ständig wechselnde Mischungsverhältnis von beidem – vielleicht beneiden uns die Engel darum. Einen Brief zu schreiben, das kann ein fast vollkommen sinnlicher Akt sein: Papier, Federhalter und die Hände, diese Instrumente subtiler und weniger subtiler Zärtlichkeit. Ich lernte manche Dirnen verachten, nicht ihres Berufes wegen, sondern so wie ich Priester verachte, die sich über die Inbrunst ihrer Gläubigen lustig machen. Wenn es wahr ist, was manche Theologen sagen, daß im Wein des Sakraments Bacchus und Dionys miterlöst worden sind, so müßte man daraus schließen, daß im Sakrament der Ehe Venus und Aphrodite erlöst werden müssen; dies aber würde eine weniger grobe, weniger verächtliche Behandlung der sogenannten körperlichen Liebe erfordern.

In der Verachtung der Klienten jenes Hauses waren sich Germaine, Madame und die Mädchen auf eine verhängnisvolle Weise einig; ihr Moralisieren wurde mir dann auch nach einer Stunde langweilig; ich verließ das Etablissement und suchte Trost im Wein, da ich vergebens auf eine Regung des Mitleids wartete. Mitleid hatte ich mit dem jungen Pionieroffizier, der die Aufgabe hatte, an diesem Küstenstreifen einige Hotels und Kinderheime in die Luft zu sprengen, weil sie angeblich das Schußfeld im Falle einer Invasion beeinträchtigt hätten. Es geisterte da ein General umher, der auf den verschiedensten Kriegsschulen, in Kursen oder ähnlichen Weiterbildungsgelegenheiten außer dem Wort »Schußfeld« nicht sehr viel mitgekriegt zu haben schien. So purzelten also die Hotels, die Kinderheime, die Sanatorien, und die deutschen Soldaten bewiesen einen ameisenhaften Fleiß, indem sie in der Nacht vor der Sprengung die Häuser aller brauchbaren Gebrauchsgegenstände beraubten, Bettwäsche, Decken, Spielzeug, alles wurde in nächtlicher Heimlichkeit aus den verurteilten Häusern entfernt, den Postbestimmungen entsprechend in einzelne Teile zerlegt; Briefwaagen standen hoch im Kurs, und so manche fleißige Hausfrauenhand nähte wenige Tage später in einer Art Puzzle-Spiel die Beute am heimischen Herd wieder zusammen, in Pommern, im Rheinland, in Württemberg.

Werkzeug der Zerstörung sein, wie sinnlos; da hilft kein tragisches Bewußtsein mehr; sittliche Gefahr? Sie bestand in der fast vollkommenen Sinnlosigkeit dieser Existenz: monatelang, jahrelang den stumpfsinnigen Trott mitzutrotten; wie wohltuend war es da, für Germaine Stühle zu stapeln, Aschenbecher zu leeren, mit den übernächtigten Freudenmädchen, die sich wie Kinder freuten, Mensch-ärgere-dich-nicht zu spielen. Die sittliche Gefahr, der ein Soldat ausgesetzt ist, ist allerdings groß, aber die sexuelle Gefahr ist die geringste, glauben Sie es mir.

Wenn ich die Langeweile nicht mehr ertragen konnte, meldete ich mich krank, suchte mir eine Krankheit aus, die eine Fahrt nach Paris zum Spezialarzt notwendig machte; kaufte mir in Paris Léon Bloys Tagebücher und entzifferte mir auf einer Caféhausterrasse mit einem Taschenlexikon den Text – bis ich im letzten der Tagebücher am heiligen Weihnachtsfest 1916 die Eintragung fand, die mit dem Satz anfängt: »Wir haben die Gans aus der Bretagne erhalten ...«, und einige Zeilen weiter: »Meine Genugtuung wäre größer, wenn ich die vollkommene Sicherheit hätte, daß in dem Augenblick, wo wir unser Weihnachtsmahl halten, ganz Deutschland vor Hunger krepieren würde.« Geschrieben 1916, am Weihnachtsfest, zu einer Zeit, wo meine Mutter mit fünf Kindern tatsächlich vom Hungertod nicht weit entfernt war, gelesen 1942, während in Köln meine Frau, meine Eltern, meine Geschwister täglich einige Male in Todesangst versetzt wurden; vielleicht sollte Bloys schrecklicher Fluch sich erfüllen, die Deutschen würden krepieren, nicht an Hunger, sondern in der Brisanz der Sprengbomben. Hätte ich an die deutsche Kollektivschuld geglaubt, ich wäre desertiert und hätte einen Weg in die Emigration gefunden; so spazierte ich durch Paris, empfand die deutsche Armee als ebenso fremd wie die französische Bevölkerung, deren Feindseligkeit mörderisch wirkte, weil sie kollektiv angewendet wurde; tröstete mich mit Wein, setzte mich manchmal für eine halbe Stunde in eine Kirche, ging ins Kino, dann in mein Hotelzimmer und schrieb einen langen Brief an meine Frau, bevor ich mich ins Bett legte, um grübelnd auf den Schlaf zu warten. Es fiel mir nicht leicht, Bloy preiszugeben, aber ich konnte seinen Haß nicht verzeihen, nicht verstehen, nicht vollziehen, den Haß eines alten Mannes, und so gab ich Bloy preis, in dieser Nacht, in diesem schäbigen Pariser Hotel, inmitten dieser feindseligen Stadt, in der mir die intelligenten deutschen Offiziersgesichter ebenso fremd waren wie der kühle Haß der Bevölkerung.

Sittliche Gefahren? Sie bestehen, lieber Freund, in der absoluten Verzweiflung, in der Erkenntnis der Sinnlosigkeit einer solchen Existenz. Es gibt Auswege: Bildung, Zynismus, Koruptheit. Der Bildungsausweg: die jeweilige Situation als gegeben hinnehmen und sich an ihr geistig bereichern: Kathedralen besichtigen und Bilder, eine sublime Art von Globetrotter abgeben; dazu gehören Privilegien: ein gutes Kommando, einsichtsvolle Vorgesetzte, jene Art höchst gebildeter und (ohne Anführungsstriche) humaner Offiziere, die wissen, was einem gebildeten Menschen gebührt. Zynismus ist schon eine Stufe aufrichtiger: die Situation rücksichtslos genießen, sich von der Geschichte tragen lassen: aus dem Badezimmer im französischen Quartier in die mörderische Realität, wie sie der Krieg in Rußland hatte. Den Schmerz von sich abgleiten lassen, kein Leiden vollziehen und das Leiden der anderen mit der Sachlichkeit eines Beerdigungsunternehmers betrachten, der schließlich kein Mörder ist. Korruptheit: sich am Krieg bereichern, wo immer sich eine Möglichkeit dazu bietet; man müßte einen Röntgenblick haben, um herauszufinden, wie viele Vermögen des blühenden Deutschland aus dieser Quelle stammen: ein Waggon voll Schweizer Uhren auf dem Bahnhof in Amiens; zwei Flakkanonen, die in Odessa verschwanden – oder jene fingierten Arbeiten, die ein Feldwebel jahrlang von fingierten Arbeitern tun ließ, wobei das einzig Nicht-Fiktive die Löhne waren: Sie wurden ausbezahlt und zwischen dem Feldwebel und den französischen Bauunternehmern geteilt. Es gibt andere Auswege: Selbstmord. Der blasse kleine Unteroffizier mit den schief aufgenähten Fähnrichstreifen auf seinen Schulterklappen: Ein Posten fand ihn morgens vor dem Bunker, genau an der Flutlinie lag er, die Pistole neben sich, vor sich die graue, unendliche Gleichgültigkeit des Ozeans. Was mag er gespürt haben, dieser blasse Studienassessor, der seinen Plautus auswendig konnte?

Lieber Herr M., lassen Sie sich nicht einreden, daß alles ganz harmlos sei, daß die sittlichen Gefahren nur von Freudenmädchen drohen. Die sittlichen Gefahren drohen anderswo und anderswie. Es ist üblich geworden, immer dann, wenn die Haltung der offiziellen katholischen Kirche in Deutschland während der Nazizeit angezweifelt wird, die Namen der Männer und Frauen zu zitieren, die in Konzentrationslagern und Gefängnissen gelitten haben und hingerichtet worden sind. Aber jene Männer, Prälat Lichtenberg, Pater Delp und die vielen anderen, sie handelten nicht auf kirchlichen Befehl, sondern ihre Instanz war eine andere, deren Namen auszusprechen heute schon verdächtig geworden ist: das Gewissen.

Sie erzählten mir, daß einer der Vorträge, den Sie gehört haben, von Major Sch. gehalten worden sei. Ich rate Ihnen, trauen Sie Major Sch. nicht. Er ist kein schlechter Mensch, er würde nie einen der Auswege wählen, die ich als möglich beschrieb: Bildung, Zynismus, Korruptheit, Selbstmord. Ich kenne Major Sch. seit mehr als zwanzig Jahren: Er hat – wie so viele andere – mit seiner Jungengruppe »Wenn das Judenblut vom Messer spritzt« gesungen, er lächelte mir entschuldigend zu, wenn ich ihm bei solcher Gelegenheit begegnete, und er war oppositionell, d.h. er sang mit seiner Gruppe in abgelegenen Parkecken Lieder, die verboten waren, zum Beispiel: »Jenseits des Tales standen ihre Zelte ...« So etwas galt damals als ein Akt außerordentlicher Tapferkeit; man muß dem jugendlichen Drang zur Opposition nur ein Ventil geben, verbotene Lieder, die man heimlich singen kann, auf daß das andere, das Wichtigere unwidersprochen geschehe: die Fußübung, der Geländedienst.

Major Sch. ist ein braver katholischer Mann, ohne Anführungsstriche, nur einige kleine Fehler hat er; sein Erinnerungsvermögen ist schwach, seine Intelligenz mäßig, das sind die Eigenschaften, die zum

Opportunisten gehören, und nicht einmal sein Opportunismus ist schuldhaft; er ist einfach Opportunist, so wie jemand blaue Augen hat. Lassen Sie sich von der frischfröhlichen, unbekümmerten »Kritik«, die Ihnen bei Major Sch. so imponiert hat, nicht allzusehr beeinflussen; das ist wie das Singen jener verbotenen Lieder, die völlig harmlos waren. Major Sch. – ich habe inzwischen einen seiner Vorträge gehört – fängt immer mit einer Kritik der Bundeswehr an, bevor er um die jungen Leute, die ihm zuhören, wirbt; soviel Offenheit imponiert natürlich, sie wirkt sportlich; es würde mich enttäuschen, wenn Sie auf diesen Leim gingen. Ich habe Hunderte von Sch.s kennengelernt; von diesem Typ gibt es sogar eine gebildete Variante; ich spielte einmal eine Art Postillon d'amour für einen jungen Leutnant, der auf dreihundert Meter Entfernung nach katholischer Jugendbewegung aussah; ich mußte für ihn Rendezvous arrangieren und bei den ersten Rendezvous als Dolmetscher fungieren, und so hatte ich sein ganzes Bildungsgewäsch ins Französische zu übersetzen: Das ging von Guardini bis Ernst Jünger, von Nietzsche bis Carossa, kreuz und quer und querfeldein, über Mauriac und Gide bis »Le Reich«: Das war ein sauer verdientes Obergefreitengehalt, das ich abends in einer kleinen Kneipe, wo mir der Wirt sein kommunistisches Herz ausschüttete, vertrank. Ich maße mir nicht die moralische Überlegenheit an, hier an Major Sch. eine verspätete Entnazifizierung vorzunehmen; ich zähle nur Phänomene auf, und es steht mir nicht zu, über jene zu richten, die agierend den Weg des geringsten Widerstandes gingen und ihre Lippen zum »Wenn das Judenblut ...« öffneten, während ich mich passiv verhielt und solches *nicht* tat; ich kann nicht dafür garantieren, daß ich die Konsequenzen, die mir nie abgefordert wurden, gezogen hätte; so bin ich, wie ich Ihnen hier schreibe, persönlich jeden Kredites bar, weiß nur den einen, fast mechanischen Kredit anzuführen, daß ich fünfzehn Jahre alt war, als der Vatikanstaat als erster diplomatische Beziehungen mit Hitler aufnahm; daß ich achtundzwanzig Jahre alt war, als ich aus einem amerikanischen Gefangenenlager nach Hause kam.

Gewiß wundern Sie sich, daß ich Ihnen das alles schreibe und es Ihnen nicht an jenem Abend bei Pfarrer U. erzählte; das hat einen Grund, den ich Ihnen nicht verschweigen will: Ich bringe es nicht über mich, in Gegenwart von Pfarrer U. über Dinge zu sprechen, die mir ernst sind; ich kenne Pfarrer U. schon länger als zwanzig Jahre; damals sprachen wir über Bernanos und Bloy (wobei Pfarrer U. wie allen anderen deutschen Katholiken, von einigen Ausnahmen abgesehen, immer wieder bis heute der Irrtum unterläuft, Bernanos für einen linken Katholiken zu halten, womit sie nur beweisen, daß sie noch rechts von Bernanos stehen – aber das wäre eines besonderen Exkurses wert, wie viele verhängnisvolle Irrwege aus diesem Irrtum zu erklären sind). Damals schon erzählte Pfarrer U. die besten Witze übers Generalvikariat, und es imponiert natürlich einem jungen Mann, auf diese Weise zu den Eingeweihten und Privilegierten gezählt zu werden. Aber die Witze über das Generalvikariat (die sich übrigens in den letzten zwanzig Jahren wenig verändert haben), sind nur das, was für Major Sch. die verbotenen Lieder waren, was heute für ihn die Kritik ist; lassen Sie sich nur nicht täuschen; man weicht den Entscheidungen aus. Ich schätze Pfarrer U. auf eine bestimmte Weise: Er ist witzig, amüsant, weiß gut über Literatur Bescheid, er bietet seinen Gästen einen ausgezeichneten Wein an, vorzügliche Zigarren, und ich weiß diese Dinge – als nebensächlich – durchaus zu schätzen; außerdem gehört es zu meinem Beruf, zu beobachten, und ich beobachte Pfarrer U. seit mehr als zwanzig Jahren; ich versuche, in meine Beobachtung etwas von der Verzweiflung zu legen, die der junge blasse Unteroffizier empfunden haben muß, als er sich im Anblick der grauen Gleichgültigkeit des Ozeans im Morgengrauen erschoß, ein wenig auch von der verzweifelten Korruptheit jenes intelligenten Feldwebels, der sich am Krieg bereicherte. Vieles weiß ich an Pfarrer U. zu schätzen, doch ein Gespräch mit ihm interessiert mich nicht; lieber spiele ich mit meinen Kindern Mensch-ärgere-dich-nicht. Die deutschen Katholiken, die für mich in Pfarrer U. bis zu einem gewissen Grad repräsentiert sind, haben seit Jahrzehnten kaum andere Sorgen gehabt als die Vervollkommnung der Liturgie und die Hebung des Geschmacks; das ist höchst lobenswert, doch frage ich mich, ob es als Alibi für eine oder zwei Generationen ausreicht. Es gehört zum guten Ton, fast möchte ich sagen zum Programm, über das jeweilige Generalvikariat zu schimpfen, über die Bischöfe, den Klerus (besonders Kleriker tun sich darin hervor), aber die geistige Haltung, die aus diesem Gebaren spricht, ist kaum ernster zu nehmen als die eines Obersekundaners, der sich beim Kommers über seinen Klassenlehrer lustig macht. Hinter diesen Kindereien verbirgt sich bei Pfarrer U. wie bei vielen anderen Katholiken eine tiefe Verzweiflung:

Literatur, Bildung, Liturgie sind nur Mittel, ihren Gewissensqualen zu entfliehen; sie alle sind einsichtig und intelligent genug, um zu wissen, daß die Fast-Kongruenz von CDU und Kirche verhängnisvoll ist, weil sie den Tod der Theologie zur Folge haben kann; es ist doch einfach nur peinlich, nichts anderes als peinlich, wenn man Stellungnahmen von Theologen zu politischen Fragen liest; das ist stramm auf Bonn gezielt, und man spürt hinter jedem Satz einen Eifer, der auf das Schulterklopfen wartet.

So können Sie, lieber Herr M., bei Pfarrer U. getrost etwaige Zweifel am Dogma von der leiblichen Himmelfahrt Mariens äußern; es wird Ihnen eine höchst subtile, gescheite und theologisch saubere Unterweisung zuteil werden; sollte es Ihnen jedoch einfallen, Zweifel am (unausgesprochenen) Dogma von der Unfehlbarkeit der CDU zu äußern, so wird Pfarrer U. auf eine nervöse Weise ungemütlich und unsubtil. Sie können auch getrost das Gespräch auf die Christus-Vision des Heiligen Vaters bringen; man wird Sie auf eine liebenswürdige Weise darüber aufklären, daß Sie nicht verpflichtet sind, daran zu glauben; aber sollten Sie Zweifel äußern an irgendeinem Satz des Heiligen Vaters, der eine Wiederbewaffnung Deutschlands rechtfertigen könnte, wird das Gespräch wiederum höchst ungemütlich. So werden Sie bei Pfarrer U. eine Reihe recht liebenswürdiger, gesellschaftlich komfortabler Jung- und Altliberaler kennenlernen, die sich auf dem Umweg über die CDU wieder »der Kirche genähert haben«. Natürlich halten diese Leute nichts von Mystik; sie gehen Ostern und Weihnachten (Pfingsten nicht, weil dann das Wetter meistens schön ist) in einen liturgisch tadellos vollzogenen Gottesdienst in einer architektonisch tadellos renovierten Kirche (mindestens 13. Jahrhundert muß es sein) und kommen immer mehr zu der Überzeugung, daß »diese Sache doch gar nicht so schlecht sei«. Die Frage, ob jemand wirklich gläubig sei, wird zu einem gesellschaftlichen Faux-pas; die Frage, ob jemand mit seiner öffentlich verkündeten Meinung identifizierbar sei, wird zu einer kindlichen Torheit. Solche Fragen »stellt man einfach nicht«; das ist peinlich, wie wenn man Rotwein aufs weiße Tischtuch verschüttet. Wir leben im Lande der Opportunisten, und der jugendliche Drang zum Widerspruch – für den gibt es Kanäle.

Als die Frage der Wiederbewaffnung Deutschlands diskutiert wurde, gab der Bundesvorstand der deutschen katholischen Jugend eine Denkschrift heraus; in dieser Denkschrift hatte sich irgend jemand abgequält, eine Form für das Gebetbuch des zukünftigen deutschen Soldaten zu finden, die »nötige Strapazierfähigkeit und Gediegenheit« dieses Gebetbuchs sollte durch »gutes Dünndruckpapier und einen flexiblen Leineneinband erhöht werden.« Das sind genau die Sorgen der deutschen Katholiken. Jedes einzelne Wort dieses Satzes wäre fast eines eigenen Pamphletes wert: Strapazierfähigkeit, Gediegenheit, gutes Dünndruckpapier, flexibler Leineneinband. Ich habe in Rußland zu viele Menschen sterben sehen, auf den Kampfstätten, in den Lazaretten, und ich kann diesen Satz als nichts anderes empfinden als eine teuflische Blasphemie, deren Wurzel ich in der Geschmäcklerei der deutschen Katholiken suchen muß. Angesichts des Todes, den die Brüder und Schwestern, die nach

Auschwitz verschleppten Nachbarn und Schulkameraden des Urhebers dieses Satzes erlitten haben, könnte nur ärztlich bescheinigter Schwachsinn mich bewegen, diesen Satz zu verzeihen, doch wäre dann der Bundesvorstand der deutschen katholischen Jugend immer noch dafür verantwortlich, daß er Schwachsinnigen die Abfassung einer Denkschrift zur Wehrfrage überläßt; zwei Millionen Mitglieder dieses Verbandes haben solches offenbar unwidersprochen hingenommen, und offenbar ist es keinem der Seelsorger klargeworden, welch ein teuflischer Wahnwitz sich hinter einem solchen Satz verbirgt; zur Turnlehrertheologie käme also die Buchherstellertheologie hinzu. Warten wir ab, ob nicht eines Tages Dentisten, Grafiker, Kunsthonighersteller für ein eigenes Gebetbuch plädieren.

Machen Sie sich keine Gedanken über Ihr Gebetbuch, lieber Herr M., und stimmen Sie nie in das Schimpfen und Witzeln übers Generalvikariat und den Episkopat ein; es ist Ihrer Intelligenz und Ihres Ernstes unwürdig; nehmen Sie Pfarrer U.'s Weine, seine witzige Art, Konversation zu machen, seine gescheiten Literaturanalysen als das, was sie sind: als hübsches Beiwerk, aber um Gottes Willen: Nehmen Sie das alles nicht ernst, und erwarten Sie sich keinerlei verbindliche Ratschläge für die sittlichen Gefahren, die Ihnen nicht erspart bleiben werden. Für mich, als ich in Ihrem Alter war, war es eine sittliche Gefahr hohen Grades, als der Vatikan als erster Staat mit Hitler einen Vertrag schloß; diese Anerkennung war weitaus folgenreicher als heute etwa die diplomatische Anerkennung Pankows durch Bonn wäre. Bald nach Abschluß dieses Vertrags zwischen dem Vatikan und Hitler galt es als schick, in SA-Uniform zur Kommunionbank zu gehen, als schick und modisch, aber es war nicht nur schick und modisch, sondern auch logisch, und wenn man nach der heiligen Messe dann zum Dienst ging, durfte man wohl getrost singen: »Wenn das Polenblut, das Russenblut, das Judenblut ...«; dreißig Millionen Polen, Russen, Juden haben den Tod erlitten, lieber Herr M. Sittliche Gefahren? Es gibt deren unzählige, sobald man anfängt nachzudenken, und ich sah Ihrem Gesicht an, daß Sie sich das Nachdenken nicht ersparen werden. Flexible Leineneinbände werden Ihnen einen Dreck dabei nützen, und vielleicht wird das gute Dünndruckpapier Sie nur noch durch die Tatsache beglücken, daß es sich so gut zum Zigarettendrehen eignet: Das wäre immerhin ein Nutzen, denn ich hoffe, Sie können die paar Gebete, die Ihnen Trost bringen werden, auswendig. Vertrauen Sie nur nicht diesem frischfröhlichen Draufgängertum, dem unbekümmert Jugendhaften, wie es Ihr zukünftiger höchster Vorgesetzter, der Verteidigungsminister, ausstrahlt, und falls die Theologen Ihnen von gerechter Verteidigung sprechen, werden Sie präzis und fragen: Wann gab es einen Fall gerechter Verteidigung? oder: Welches sind die Voraussetzungen für gerechte Verteidigung? Wer will je herausfinden, wo Verteidigung anfängt oder Angriff aufhört. Vielleicht werden Sie in einem eleganten Flugzeug mit Atombomben über Europa kreisen, und es wird sich jene Instanz melden, die beim Namen zu nennen schon verdächtig geworden ist: das Gewissen. Auch Gewissen ist ein großes Wort, ich weiß, und die Instanz, die dieses Wort bezeichnet, ist von unzähligen, unbenennbaren Einzelheiten abhängig, aber vergessen Sie nicht: Es war die Instanz, der alle jene Männer gehorchten, die sich entschlossen, Hitler Widerstand zu leisten, und die wußten, welcher Preis ihnen abverlangt werden würde; und vergessen Sie nicht, wenn die vagen und törichten Begriffe »links« und »rechts« Sie zu verwirren drohen: Diese Männer kamen von der äußersten Linken und von der äußersten Rechten; das sentimentale Gerede von der heimatlosen Linken ist eine besonders tückische Art der Heuchelei, es gibt eine heimatlose Rechte, die ebenso zwischen den Parteien liegt wie die Linke; deren Geist durch einige Männer repräsentiert wird, die am 20. Juli den verzweifelten Versuch machten, Hitler zu ermorden. Auch dieses ganze Gerede von links und rechts ist nichts weiter als Ausweichen. Das Spiel zwischen links und rechts ist wie ein Fußballspiel, bei dem man die Tore mit Brettern zugenagelt hat; auch sind die Politiker geübt in dem hübschen Kinderspiel: »Bäumchen, Bäumchen, wechsel dich ...«. Wer das Pech hat, nach dem Wechsel alle Bäume besetzt zu finden, wer nicht flink genug war, bedeckt sein Gesicht, läßt die Tränen rinnen und bezeichnet sich als heimatlos oder oppositionell. Die Politik ist hart geworden und die Theologie weich. Häresien gibt es keine mehr, die Theologen haben sich aufs politische Feld drängen lassen und spielen hilflos bei diesem Spiel mit vernagelten Toren mit. Adenauer ist katholisch, Strauß und einige andere sind es; was wollen wir mehr?

Tatsächlich: Mehr scheinen wir nicht zu wollen. Da bleibt uns Zeit genug, dem deutschen Nationalsport zu huldigen: Wir bauen, widmen uns weiterhin der Verfeinerung des Geschmacks, der Vollendung der Liturgie, und trösten uns an flexiblen Leineneinbänden. Wenn wir unter uns sind, wir intellektuellen Katholiken einschließlich der dazugehörenden Kleriker, dann witzeln wir übers Generalvikariat, lächeln über die Bischöfe; das sind unsere Pralinen, das ist das Konfekt der Eingeweihten, da darf man sogar getrost einen etwas schlüpfrigen Witz wagen, ohne sich sittlichen Gefahren auszusetzen; wir lächeln über die Predigten, die wir sonntags notgedrungen mit der heiligen Messe hören, wir sind sicher, daß sie uns nichts angehen, aber wen gehen sie eigentlich etwas an? Wovon leben die Leute, denen es nicht vergönnt ist, sich an jenem snobistischen Konfekt die Magenverstimmung zu holen, die eine der Voraussetzungen für Gespräche unter »intellektuellen Katholiken« zu sein scheint?

Halten Sie Abstinenz, lieber Herr M., naschen Sie nicht von all diesen Pralinensorten, von der Kritik, den Witzen, dem Gespräch über Literatur. Bald werden Sie spüren, wie Ihr Magen knurrt; daß Sie nach Brot verlangen, nicht nach verwaschener Soziologie, verwaschener Politik, verwaschener Kulturkritik, wie man sie gemeinhin geboten bekommt; der Magen knurrt, und das Gehirn dürstet, dürstet bis zur Verzweiflung nach Klarheit und Entschiedenheit: Was dem Menschen nottut, ist Verbindlichkeit, und Sie werden nur Unverbindliches zu hören bekommen. Wenn Sie gar einmal das zweifelhafte Glück haben, eine jener Predigten zu hören, wie sie von glänzenden Rhetorikern zurechtgeschneidert werden, diese Gestik, das fein ausgeklügelte Mienenspiel, Wortgehudel, Wortgesudel (alles vor dem Spiegel und auf Tonband viele Male ausprobiert, bevor es an Ihre Ohren dringt, Ihre Augen erreicht, bevor es bei Ihnen »ankommt«) – dann stellt sich bald ein anderes Gefühl ein: Brechreiz, das ist einfach zum Kotzen. Seien Sie froh über jeden Priester, dem hin und wieder noch ein Stammeln unterläuft. Der Mensch lebt nicht vom Brot allein, aber das andere, das Wort, wird ihm leider nur selten geboten, und doch verlangen erstaunlich viele Menschen nach diesem Wort, warten drauf, auf das Wort, das so einfach wie Brot ist, das am Anfang war und am Ende sein wird.

Tatsächlich, sittliche Gefahren drohen Ihnen, lieber Herr M., keine geringen; jene zu Unrecht verdächtigte Instanz, die Gewissen heißt, wird sich melden; und es wird die schlimmste Plage aller Soldaten über Sie kommen, die unabhängig ist vom Stand der Bewaffnung: der Stumpfsinn, vor dem Sie gewiß niemand gewarnt hat. Nehmen Sie keine der dargebotenen Trost-Schablonen an: den technischen Reiz gewisser Waffen, körperliche Ertüchtigung oder jene Art von Kameraderie, wie sie von Typen wie Major Sch. gepflegt wird: beim Bier ein Schulterklopfen, ein wenig bramarbasiert, mit dem Unterton : »Ist ja doch alles wurscht.« Meiden Sie den Gottesdienst, den der Divisionspfarrer abhält; schließlich gibt es für Zahnärzte auch keine Sondergottesdienste, und die beiden gutgewachsenen Ministranten in Heeresuniform sind nur ein kleines optisches Spectaculum, das Sie sich ersparen sollten; das Pathos, das in solcher Veranstaltung liegt, würde bei einem Turnverein lächerlich, bestenfalls rührend wirken; doch eine Armee ist kein Turnverein, sie hütet den schrecklichsten aller Horte, sie ist die Verwalterin des Todes von Millionen Menschen.

Wenn Sie nach Vorbildern suchen: Es gibt deren unzählige; wählen Sie einen kleinen Judenjungen aus einem galizischen Dorf, einen Namenlosen, der vom Spielplatz weg in den Waggon gezerrt, an der Rampe in Birkenau von der Hand seiner Mutter gerissen und im Zustand vollkommener Unschuld getötet wurde. Oder falls Sie ein Vorbild suchen, das Aktion vollzog: Wählen Sie den Grafen Schwerin von Schwanenfeld, der vor dem Volksgerichtshof, von Freisler angebrüllt, mit leiser, klarer Stimme sagte: »Ich dachte an die vielen Morde.« Ein Christ und Offizier, der verbündet war mit Männern, die ihm seiner Herkunft und seiner politischen Tradition nach so vollkommen entgegengesetzt waren: mit Marxisten und Gewerkschaftlern; der Geist dieser Verbrüderung und des Bündnisses hat sich nicht erhalten, ist nicht in die Nachkriegspolitik eingegangen; wir könnten eine Tradition haben, diese, doch es scheint, als wäre es unmöglich, diesen Geist in die gegenwärtige Politik zu tragen: Die Catcher beherrschen das Feld, die Primitiv-Taktiker, Männer ohne Erinnerungsvermögen, die Vitalen, Gesunden, die nicht »rückwärts blicken« und nicht jenem verpönten Laster frönen, das Nachdenken heißt, aber unter dem Namen Morbidität als eine Art Rauschgift für sogenannte Intellektuelle diffamiert wird; erhalten Sie sich getrost etwas von dieser Morbidität, räumen Sie ihr eine Provinz Ihres Bewußtseins ein, und versuchen Sie, die Verzweiflung des kleinen Unteroffiziers zu begreifen, der die Geschichte nicht ertragen konnte.

Es wird bald in Deutschland viele Katholiken geben, die mit ihren Glaubensbrüdern und -schwestern nur noch ihren Glauben gemeinsam haben; ja,

Sie haben recht gelesen, ich schrieb: *nur*; es gibt ja keine religiösen Auseinandersetzungen mehr, nur noch politische, und selbst religiöse Entscheidungen, wie die des Gewissens, werden zu politischen gestempelt: Magere Jahre stehen bevor, denn die Theologen verweigern uns jenes andere, das Wort, von dem wir leben, und ob wir am nächsten Tag noch Brot haben werden, ist ohnehin fraglich. Wir werden gezwungen, von Politik zu leben – und das ist eine fragwürdige Kost, da gibt es, je nach den Erfordernissen der Taktik, an einem Tag Pralinen, am anderen eine Suppe aus Dörrgemüse: Unser Brot müssen wir selber backen und das Wort uns selbst bereiten.
Ich grüße Sie herzlich.
     Ihr
         Heinrich Böll

Brief an einen jungen Nichtkatholiken
(1966)

Lieber Herr Wallraff,

seit einiger Zeit können Sie im Werbefernsehen hin und wieder eine nette Durchschnittsfrau sehen, die gerade ihre Wäsche gewaschen hat, plötzlich aber von einem durchsichtigen zarten Wesen, ihrem zweiten Ich, das hinter sie tritt und auf sie einzuflüstern beginnt, mit Erfolg drauf aufmerksam gemacht wird, daß ihre Wäsche noch nicht weiß genug sei. Dieses durchsichtige, schemenhafte zarte Wesen, das zweite Ich der netten Durchschnittsfrau, wird als deren »Gewissen« angekündigt; es bringt die nette Frau auch dazu, irgendsoein Idiotenzeug zu nehmen, womit sie ihre Wäsche *wirklich weiß* wäscht. Ich bewundere immer wieder die Geschicklichkeit der Werbeleute, die es fertig bringen, die zuerst gezeigte Wäsche tatsächlich ein *bißchen grau* erscheinen zu lassen. Ein anderes (vielleicht ist es auch dasselbe!) Waschmittel wird jetzt mit der Familie *Saubermann* propagiert. Vielleicht erinnern Sie sich: Die Völker, die auszumerzen die Nazis ausgezogen waren: Polen, Juden, Russen, wurden als *schmutzig* propagiert. Am besten war natürlich die Kombination: schmutzig und arm, bzw. die Identifizierung der beiden Begriffe; das ging bei den Juden schlecht, weil man sie gleichzeitig als die Bankiers der Welt hinstellte. Wahrscheinlich war es für die Nazis tatsächlich eine Überraschung festzustellen, daß es in Polen und Rußland Millionen *armer* Juden gab. Da stimmte die ursprüngliche Rechnung: arm und schmutzig dann wieder. Natürlich ließen sich ganze Theologien, Soziologien und Philosophien über dieses »schmutzig und arm« entwickeln, das ist nicht meine Sache, mich interessiert jetzt nur das durch ein Waschmittel zu beruhigende Gewissen der netten Durchschnittsfrau, und es fällt mir nicht schwer, mir Herrn Saubermann in irgendeinem Säuberungskommando vorzustellen.

Wahrscheinlich würde eine konfessionell »aufgegliederte« Statistik beweisen, daß die Katholiken immer noch weniger Waschmittel verbrauchen als die Protestanten, und diese Wahrscheinlichkeit – nicht die Konzilsergebnisse, auf die ich noch zu sprechen kommen werde – ist einer der Gründe dafür, daß ich weiterhin katholische Kirchensteuer zahle und katholisch sterben möchte. Körperliche Sauberkeit ist in extremen Lebenslagen: Armut, Gefangenschaft, enge Wohnverhältnisse, ein Luxus, der Wunder bewirkt, sie ist etwas Religiöses. Ich habe während des Krieges und im Gefangenenlager begriffen, daß Waschungen ein religiöses Element enthalten können, und ich bedaure es immer wieder, daß die Priester mit so sauberen Händen den Gottesdienst beginnen und die Handwaschung zu einem leeren Ritus erstarrt. Deren Hände sind immer so sauber, daß einem das zum Waschen gereichte Wasser schmutzig vorkommt. So verstehe ich auch das Gewissen der netten Durchschnittsfrau und die Familie Saubermann religiös: Man kommt sich schmutzig vor, wenn man sie sieht, das heißt: katholisch, russisch, jüdisch, polnisch, wie ein Neger. Die Politiker reden immer so gern davon, bilden sich fast schon etwas darauf ein, daß ihr »Geschäft schmutzig« sei; sie haben diese Feststellung immer bereit, wenn ihnen einer »moralisch« kommen will, und doch ist diese Ausrede nur die billigste Form der Koketterie. Schließlich sind alle

Geschäfte dieser Welt schmutzig: der Kohlen- und Nachrichtenhandel, die Literatur und das Fernsehen; da dürften sich die Politiker nicht mehr allzuviel auf ihren Schmutz einbilden und nicht so oft und so lange weinerlich daherreden, wie sie sich opfern, indem sie sich notwendigerweise »schmutzig machen«. Eine solche Sentimentalität dürfte man höchstens einer Prostituierten zubilligen. Ich glaube, auch mit der »Macht« (»Ich habe eben ein Verhältnis zur Macht« ist die übliche Formulierung) ist es nicht so weit her. Der literarische Haus-Esel einer deutschen Wochenzeitung übt weitaus mehr Macht aus als der Durchschnittspolitiker, und der Haus-Esel übt sie grinsend und im Vollgefühl derselben aus, er gleicht den Politikern nur in einem Punkt: Er wird weinerlich und sentimental, er wird »privat«, wenn ihm einer mal auf die Finger schaut oder gar klopft! Mein Gott, das ist vielleicht ein sauberes Geschäft! Als ob's ein Kunststück wäre, über Deutsche Macht auszuüben: Wo sie Macht spüren, kann man ihrer Anbetung sicher sein, und manches große Verlegerherz lacht erleichtert, wenn der Haus-Esel Gnade walten läßt. Schweigen wir von den Bankiers, denen das »Macht-und-Schmutz-Getue« der Politiker ziemlich lächerlich vorkommen muß.

Dieselben Politiker, die sich kokett auf ihr schmutziges Geschäft berufen und, sich aufopfernd, Tag und Nacht in Bonn die Hände schmutzig machen, gleichen auf eine verblüffende Weise dem Herrn Saubermann und ihre Frauen verblüffend der netten kleinen Durchschnittsfrau, die neben sich ihr Gewissen stehen hat. Besonders auffällig gleichen Herrn Saubermann die beiden »kanzlerverdächtigen« jungen Herren der beiden großen Parteien. Die Zukunft ist von den Werbefachleuten schon vorweggenommen: Wehe den Schmutzigen! Dreifach wehe ihnen, wenn sie nicht in die Modeklischees Beatnik oder Gammler passen, sondern *einfach nur schmutzig* sind!

Herr Saubermann und seine nette kleine Durchschnittsfrau sind das letzte, allerletzte Signal, einer gewissenlosen Gesellschaft keinen Einblick ins Gewissen mehr zu geben. Ihr Bericht über die Erfahrungen eines Wehrdienstverweigerers aus Gewissensgründen knüpft für mich unmittelbar an das alarmierte Gewissen der netten kleinen Durchschnittsfrau an, und diese beiden schaffen eine unheimliche Verbindung zur Politik, denn es sind doch dieselben Politiker, die sich kokett auf ihr schmutziges Geschäft berufen, die jene Kommissionen erfunden haben, vor denen ein Zwanzigjähriger die Sauberkeit seines Gewissens als Wehrdienstverweigerer beweisen muß, und die Argumentation der Kommissionsmitglieder ist *politisch*, also – nach ihrer, nicht nach meiner Theorie – schmutzig. Es ist wirklich absurd, es ist unbegreiflich, daß sich geistliche Herren dazu hergeben, solchen Kommissionen auch noch kirchlichen Hintergrund zu geben, diesen Kommissionen einer gewissenlosen Gesellschaft, deren eigentliches Gewissen auf dem Bildschirm als Medium der Waschmittelreklame neben einer netten kleinen Frau steht. Ich wundere mich nicht darüber, daß Politiker mit allen Mitteln versuchen, die Wehrdienstverweigerung zu einer schwierigen Prozedur zu machen; daß sie ihr schmutziges Geschäft wahrnehmen. Sie wollten ein bestimmtes Ziel: die Wiederaufrüstung der Bundesrepublik *gegen* den Willen der damals friedfertigen Deutschen; sie haben mit Terror, mit Geld, Propagandamitteln, durch eine fast komplette Gleichschaltung der Opposition, der Zeitungen, durch systematische Denunzierung aller Gegner der Wiederaufrüstung ihr Ziel (vorläufig!) erreicht. Gut. So macht man wohl Politik. Worüber ich mich wundere: daß alle (in Worten und Ziffern: alle) Frauenverbände offenbar rascher gleichgeschaltet waren als im Jahre 1933. Ach, diese netten kleinen Frauen! Ihr Gewissen steht inzwischen auf dem Bildschirm neben ihnen. Eine besonders üble, finstere Rolle müssen bei der Gleichschaltung die katholischen Frauenverbände gespielt haben: Man hat nichts von ihnen gehört. Wahrscheinlich war deren Gewissen am leichtesten zu manipulieren. Das ging alles so hurtig und lautlos, hurtiger, lautloser als im Jahre 1933. Und natürlich: sauberer. Sauber – das fällt mir jetzt ein – war eins der Modewörter der katholischen Jugendbewegung zwischen 1918 und 1933. Guten Tag und fröhliche Urständ, Herr Saubermann, Politik ist ein schmutziges Geschäft!

Die Bewältigung der katholischen Vergangenheit, von Hochhuth in seiner Unschuld ausgelöst, geht um den ganzen Erdkreis, aber sie wird möglicherweise einmal harmlos erscheinen, verglichen mit der notwendigen Bewältigung des schnöden Verrats, der von Katholiken an Katholiken zwischen 1953 und 1965 in diesem Land verübt worden ist. Es gibt Anzeichen dafür, daß man diese Vergangenheit gern bewältigen möchte, solange sie noch Gegenwart ist. Es gibt Einsichten, schwache, zahme, matte Einsicht (verflucht, was sind die Deutschen für ein braves, gehorsames Volk!). Ein so instinkthafter

Politiker wie Strauß beginnt gelegentlich schon, sich »antiklerikal« zu geben, und er verhält sich politisch richtig: Wenn die katholische Kirche wirklich wieder religiös würde, müßte sie in der CDU, diese in ihr den Todfeind erkennen.

Ach, ihr braven, sauberen, katholischen Frauen: Wohin habt ihr euch führen lassen! Was übrig bleibt, ist Herrn Saubermanns dummes, dreistes Gesicht. Die Katholiken als die einzige große statistische Masse hätten eine Chance gehabt, dieses Volk friedfertig zu erhalten. Die Chance ist verspielt: Was übrigbleibt, ist das strahlende, heitere, reine, nicht ganz uneitle Gesicht des katholischen Wehrbischofs, der in einem Sturmboot der Bundeswehr einen deutschen Fluß überquert. Guten Tag und fröhliche Urständ, Herr Saubermann! Wir wollen uns nichts vormachen, uns keiner Täuschung hingeben: Auch der jeweilige »kritische« Intellektuelle vom Dienst, ob links oder rechts, hat eine verfluchte Ähnlichkeit mit dem Mann der netten kleinen Frau, die gern weiße Wäsche hat, aber die Literatur »schmutzig« mag. Ich wundere mich nicht über einen Bischof mit verheerender propagandistischer Wirkung, aber ich wundere mich, wundere mich gewaltig über den Herrn Walter Dirks, der das Gewissen ja fast erfunden hat und in der Broschüre *Wie hast Du's mit der Bundeswehr?* eine lahme, zahme, hanebüchen banale, nichtssagende kleine moralische Aufrüstung für Wehrpflichtige bietet, auf einem Niveau, das seinen sonstigen publizistischen Fähigkeiten widerspricht. Die Wiederaufrüstung ist aus *politischen* Gründen, und sie ist mit ausdrücklicher Zustimmung der *Frankfurter Hefte* beschlossen worden. Wie kommt diese gewissenhafte Bande dazu, das *Gewissen* eines Zwanzigjährigen durchleuchten zu wollen? Waren etwa Gewissensgründe entscheidend, als die Herren Adenauer und Strauß *gegen* den Willen der damals friedfertigen Deutschen, *mit* ausdrücklicher, tatkräftiger Unterstützung aller katholischen Verbände und des katholischen Klerus die Wiederaufrüstung durchsetzten? Es waren politische Gründe. Politische Gründe können wegfallen oder sich ändern. Was würde eigentlich aus den zahlreichen gutkatholischen, gleichgeschalteten Gewissen, wenn plötzlich in Bonn – oder, was wahrscheinlicher ist, anderswo – beschlossen würde, die Bundeswehr zu reduzieren oder gar abzuschaffen? Da muß doch wieder etwas in ihnen »zusammenbrechen«. Oder wie wäre es, wenn man eine Gewissensprüfung für diejenigen einführte, die unbedingt zur Bundeswehr wollen?

Bei der Lektüre Ihres Berichts, die nette kleine Frau, Herrn Saubermann, den Wehrbischof, die Gesichter der Politiker vor meinen Augen, den Dirksschen Text in der zitierten Broschüre im Ohr, den Geruch der kostbaren amerikanischen Seife in der Nase, mit der ich im Gefangenenlager täglich meine rituellen Waschungen vornahm (die Seife war tatsächlich ein Element der Befreiung, wie das DDT eins war, dem sich Jung und Alt, Hoch und Niedrig, Reich und Arm zu beugen hatten, auf daß die Deutschen von den Läusen befreit würden!), kommt mir der Gedanke, daß Ihre Generation noch schändlicher verraten worden ist als unsere, schändlicher, weil ohne Not und ohne Notwendigkeit, und ich verstehe es immer besser, daß es Ihrer Generation immer schwerer fällt, fast körperliche Übelkeit verursacht, wenn sie das Wort »christlich«

zu hören bekommt. Es müßte schon ein Konzilium deutscher katholischer und evangelischer Theologen zustande kommen, das der CDU-CSU das Recht absprechen würde, das Adjektiv »christlich« weiterhin zu Tode zu schinden. Das würde natürlich zum offenen Krach zwischen diesem Konzil und der Fuldaer Bischofskonferenz führen, erst dann bestünde Hoffnung, daß sich die heftige Umarmung, dieser Adenauersche Vergewaltigungsclinch, in den die CDU-CSU die katholische Kirche in Deutschland genommen hat, lösen ließe, aber das sind Träume; und selbst wenn sie *jetzt* noch wahr würden: Es ist zu spät. Im Grunde braucht die CDU-CSU die Kirche ja gar nicht mehr, was sollen die armen Leute denn schon wählen, meinetwegen SPD; es würde nicht einmal viel nützen, wenn im nächsten Wahlhirtenbrief offen zugegeben würde (was nie hätte bestritten werden können): daß Katholiken auch SPD wählen dürfen. Was wäre damit gewonnen? Wahrscheinlich die große Koalition: bitte. Herr Saubermann I und Herr Saubermann II. Dann können Sie ja jeden Abend auf dem Bildschirm Ihr Gewissen konsultieren: Es wird Ihnen klarmachen, daß Ihr Auto auf eine unmodische Weise alt, Ihre Krawatte unmöglich ist, Ihr Gewissen es Ihnen nicht erlaubt, wenn Ihre Frau sich bei irgendwelchen Hausarbeiten ihre schönen Hände verdirbt. Natürlich wird es immer Toren geben, aber wer darf den Toren spielen? Das wird von Herrn Saubermann bestimmt. Die Torheit, den Wehrdienst zu verweigern, ist nicht zugelassen: Da müssen Sie schon Ihr Gewissen herzeigen! Sie haben ja versucht, den Toren zu spielen: mit einer Blume im Gewehrlauf zu erscheinen! Solche Torheiten aber sind nur Herrn Chaplin erlaubt, und auch dem nur im Film. Die Torheit ist eine Kunst, und Kunst ist erlaubt. Sie endeten mit Ihrer Torheit, auf Grund der Manipulationen eines katholischen, also gewissenhaften Standortarztes, im Irrenhaus, aus dem Sie die gewissenhafte Bundeswehr nur entließ, weil Sie anfingen, sich Publicity zu verschaffen. Wehe dem, der keine Publicity hat: Er endet in Frau Saubermanns schmutziger Wäsche.

Sollte die Vernunft – Abschaffung der Wehrpflicht! – siegen, dann werden die Katholiken daran den geringsten Anteil haben. Im Gegenteil: Sie werden es sein, die sich am heftigsten dagegen wehren. Es war ja kein Katholik, weder ein »linker« noch ein »linksfortschrittlicher«, und es war noch weniger ein Sozialdemokrat, der den vernünftigen Vorschlag machte, die Bundeswehr zu reduzieren. Es war der konservative Admiral Heye, der seinerzeit durch den Katholiken Dr. Jaeger auf wahrhaft *christliche*, das heißt: politische, was bedeutet: schmutzige Weise »abgeschossen« worden ist. Vielleicht gibt es bei den alten Militärs noch Reste jenes Wirklichkeitssinns, der sie ahnen läßt, daß die Bundeswehr zwar real, aber unwirklich, also unheimlich ist: in ihrer gesellschaftlichen Bodenlosigkeit, in ihrer hysterischen Verletzlichkeit. Es war ja wirklich mitleiderregend, die Untertöne einer weinerlichen Gekränktheit in der Rede des Herrn von Hassel während der Starfighter-Debatte zu hören; hat er denn wirklich erwartet, daß eine halbwegs aufmerksame Öffentlichkeit das alles so hinnimmt? Weiß er denn nicht, daß Politik wirklich ein schmutziges Geschäft ist, so schmutzig wie die Literatur und das Fernsehen, der Kohlen- und der Nachrichtenhandel, und daß in allen Geschäften dieser schmutzigen Erde nur eins zählt: der Erfolg? Ich beneide Herrn von Hassel nicht: Es steht ihm noch Schnödes bevor, und es kann ihn nicht sehr getröstet haben, von seiner gesamten Fraktion weißer als das weißeste Weiß gewaschen worden zu sein, auf eine besonders peinliche, fast untertänige Weise von dem Katholiken Rommerskirchen, der doch wahrscheinlich als Vertreter der deutschen katholischen Jugend im Bundestag sitzt und, in Anwesenheit der Witwen der abgestürzten jungen Flieger, indem er nicht dagegen protestierte, die »Verschleißquote« X beim Ausprobieren eines neuen Flugzeugtyps billigt. Oh, heiliger Herr Saubermann, wo darf ich Ihnen mein Gewissen zeigen! (Da fällt mir ein: Ich habe ja auch Kinder, die jung, deutsch und – jedenfalls zu einem Teil – katholisch sind; ob Herr Rommerskirchen deren Interessen auch vertritt?) Es ist schändlich, schändlich, schändlich. Und keiner in diesem Parlament tanzt aus der »christlichen Reihe«. Die katholische Jugendbewegung hat den Katholiken ja auch nicht viel mehr Befreiung gebracht als die von der Krawatte, und auch die nur vorübergehend. Was von ihrer Freiheit übriggeblieben ist, hat sich inzwischen gezeigt: ein paar modische sexuelle Freiheiten à la Trotzkopf und Trotzköpfchen, ein bißchen »Scheiße«- und »Arschloch«-Sagen, also keine sehr erheblichen Freiheiten. Angesichts dieser Bewußtseinslage, dieser durch die absolute Gleichschaltung in der Wiederaufrüstungsfrage endgültig gemachten Gehorsamsdisposition, angesichts dieser mit Verrat gesättigten Scheinheiligkeit des politischen deutschen Katholizismus erscheint mir der ungeheure Ruf der Fortschrittlichkeit, den er in der übrigen

Welt genießt, als ziemlich fragwürdig. Wenn das nur gutgeht! Schließlich hat auch Hochstapelei ihre Grenzen. Es geht hier nicht darum, so großartigen Theologen wie Rahner, Ratzinger und Küng ihre Glaubwürdigkeit abzusprechen, nur ist der Boden, auf dem diese Theologie Wurzel fassen könnte, nicht allein dünn, er ist in Deutschland mit dem schlechtesten Dünger, mit *politischem* Gehorsam gedüngt. Was nützen innerkirchliche Freiheiten, wenn die Katholiken weiterhin politisch so brav bleiben? So könnte Rom eine willkommene Ablenkung von Bonn sein: In Bonn, und nirgendwo anders, wird sich entscheiden, ob die deutschen Katholiken wirklich frei zu sein vermögen. Für einen Schriftsteller sind die (innerkirchlich gesehen: höchst erfreulichen) Konzilsergebnisse ohnehin nicht nur nicht so sensationell, sondern fast unwichtig. Zu schreiben ist wahrscheinlich (wie zu malen, zu komponieren, zu tanzen usw.) eine der wenigen wirklichen Erscheinungsformen der Freiheit und der Befreiung. Jeder Schriftsteller und Künstler muß illegal irgendwelche Grenzen überschreiten: Er merkt das schon früh genug, wenn auf ihn »geschossen« wird. Vielleicht werden auch die Katholiken wieder einmal begreifen, daß Kunst und Freiheit ein und dasselbe sind; daß sie *in sich* geordnete, geformte Freiheit sind, daß Form nicht »leer«, sondern Geist ist. Ein Autor nimmt sich die Freiheit einfach, und er versucht – indem er sie ordnet und formt – möglichst viel von ihr zu teilen, was bedeutet: mitzuteilen. Jeder ist aufgefordert, an dieser Freiheit teilzunehmen, sich sein Teil davon zu nehmen. Das weißeste Weiß der netten kleinen Durchschnittsfrau und ihres Mannes, des Herrn Saubermann, ist das vollendete Nichts, das sich nicht mehr ordnen läßt. Es ist kein Zufall, daß die Ausübung jeder, jeder Kunst schmutzig macht. Der Autor – gewöhnlich eine ziemlich hochmütige Person – weiß auch längst, bevor sie geändert werden, daß kirchliche Vorschriften völlig nebensächlich sind. Etwa die barbarische Vorschrift des Nüchternheitsgebots vor der Kommunion, auf der ganze puristische Theologien aufgebaut worden waren und die nun mit einem schnöden Federstrich aufgehoben wurde. Ein Autor weiß auch, daß die unbegründete Aufhebung so schnöde ist wie die jahrzehnte-, fast jahrhundertelange Praktizierung, und er muß beides sein: rasch und schwerfällig, wohlwollend und bösartig. Rasch, indem er allen freiheitsdurstigen Katholiken nahelegt, sich allen Kirchengeboten gegenüber nicht mit gegenwärtiger, genehmigter Freiheit, sondern mit *zukünftiger*, noch nicht genehmigter Freiheit zu verhalten: genauso, wie sich der katholische Adel jahrhundertelang verhalten hat: Da wurden Mischehen, Mätressen, Konversionen hin, Konversionen her, alles mögliche wurde stillschweigend geduldet. Die feudalistische Sitte, bei Königs- oder Fürstenhochzeiten einen hohen Kleriker, möglichst einen Kardinal, die Trauung vornehmen zu lassen, ist ein peinlicher Rest: Man sollte gerade denen einen stotternden, etwas schmuddeligen kleinen Kaplan schicken. Was soll dieses erbärmliche Illustrierten-Getue? Rasch muß ein Autor sein, indem er das alles schon wegwischt, schwerfällig, indem er die fixe und flotte Anpassung verdächtig findet und angesichts der Liturgieform Rosenkranz und Maiandacht zu mögen beginnt. Wenn die Scharfschützen, die so auf ihn geschossen haben, als er – noch illegal

– die Grenze überschritt, so *rasch* fortschrittlich und frei werden, muß er in seiner Bösartigkeit zurück-zurück-zurückschreiten und an seine Großmutter denken, die unter objektiv nichtigen Geboten subjektiv echte Höllenqualen erduldet hat, wie etwa unter dem Nüchternheitsgebot vor der Kommunion. Bösartig, wie er sein muß, soll er immer und immer wieder auf seine Großmutter kommen, die ihm als bitter und bigott geschildert worden ist. Die flinken Fortschrittler schreiten ihm zu rasch über die Leichen ihrer Mütter und Großmütter hinweg. Freiheit hat er *in sich* genug, sonst ist er kein Schriftsteller. Die Konzilseuphorie, dieses große Aufatmen, lenkt von Bonn ab: Dort sitzt der politische Katholizismus, und er rückt kein Quentchen Freiheit heraus, wenn die Katholiken es sich nicht einfach nehmen.

Die peinlichste Figur in Ihrem Bericht, lieber Herr Wallraff, ist denn auch der katholische Pfarrer, dessen Vokabularium und Gebaren Sie beschreiben. Alle Konzilsfreiheiten nützen den deutschen Katholiken wenig, wenn der Herr Wehrbischof (welch ein unmögliches Amt!) sich solche peinlichen Figuren nicht ersparen kann! Das Problem wird dadurch erschwert, daß der deutsche katholische Klerus durch seine Erziehung, seine Auswahl, seinen extrem bourgeoisen Bildungs-, Erziehungs- und Behandlungsgang in eine Exklusivität gedrängt wird, in der ihm der Militärdienst als eine Möglichkeit der »Berührung mit dem Volk« ideal erscheinen mag. Vielleicht wäre es ganz gut, wenn die Theologen wirklich zum Militär müßten, aber – und das ist das Paradoxeste und Peinlichste! – gerade sie sind ja davon befreit! Sie haben also gar keine Möglichkeit, den Betrieb wirklich von innen kennenzulernen, denn was bei »Besichtigungen« – nicht nur von Kasernen, auch von Fabriken und Betrieben – gespielt wird, ist ja der pure Schwindel. Die Theologen bleiben also »unberührt«, rein, sauber: frisch aus der Wäschetrommel der netten kleinen Frau! In anderen europäischen Ländern ist das anders, ist auch die Einstellung des Klerus zum Wehrdienst anders; man macht aus der Frage, ob man ihn ableisten soll oder nicht, keine Gewissens-Turnübung à la Walter Dirks; man weiß, daß der Militärdienst ein nicht einmal notwendiges, also möglichst zu umgehendes Übel ist. Keine Europa-, keine NATO-, keine Abendlandideologie. Man nimmt den Militärdienst hin wie die Steuer (die man eben möglichst nicht hinnimmt), und gewiß kann ein junger Franzose oder Italiener nicht nur mit der Unterstützung, sogar mit der Bestärkung des Klerus rechnen, wenn er einen Weg sucht, sich die Sinnlosigkeit zu ersparen. In Deutschland ist das leider anders, und das macht das Problem noch schwieriger, weil selbst ansonsten einsichtige Kleriker unter diesen bourgeoisen Saubermann-Bedrückungen leiden, sich wohl ganz gern einmal schmutzig machen möchten, und so messen sie dem Militärdienst immer noch eine »erzieherische« Bedeutung zu, die er nie gehabt hat. Auch die Tatsache, daß sie ihr Gehalt für eine saubere Tätigkeit beziehen, es nicht eigentlich »verdienen«, was bedeutet: sich nicht schmutzig machen müssen, drängt sie noch tiefer in ihre bourgeoise Isoliertheit. Vielleicht wäre es möglich, daß junge Theologen eine Art geheimen Orden gründen, dessen Mitglieder als Ersatzleute für wehrunlustige Laien zum Militär gehen: Auf diese Weise kämen sie aus der Expreß-Reinigungs-Isolation heraus und würden ein Werk der Nächstenliebe tun, beides unmöglich: Sowohl der Episkopat wie das Verteidigungsministerium würden das verhindern. Man sieht also, wieviel wirkliche Freiheit so ein junger Mensch hat, der Priester werden möchte. In den Ostblockstaaten nennt man die Priester, die zur Kollaboration mit dem System neigen, »fortschrittliche« Priester, vielleicht sollten wir Priester wie den, den Sie schildern, CDU-Priester nennen; fortschrittlich, angepaßt ist der von Ihnen geschilderte ja außerdem: Er hat sein Vokabularium mit etwas abständigen Landserausdrücken angereichert, weiß sogar, wie die »Hormone zwitschern«, hat ein primitives politisches Idiotenvokabular, und ich kann nur hoffen, daß dieser Zwitscherer seinem Wehrbischof rechte Freude macht! Nennt man so etwas nicht einen »ganzen Mann«? Hoffen wir, daß seine Hormone nicht zwitschern. Oh, diese nichtige »Modernität«, diese miese Anbiederei.

Es liegt eine gewisse Logik darin, lieber Herr Wallraff, daß Ihr Versuch, den Toren zu spielen, im Irrenhaus endet. Diese Gesellschaft, die doch so mächtig ist, kann Torheit nur als Kunst, nicht als Lebenshaltung dulden, und es gibt offenbar keinen in dieser schamlos von ihrer Macht besessenen »Christenpartei«, der sich unbeliebt, was heißen würde: schmutzig und lächerlich zu machen bereit ist und dieser schändlichen Komödie, der die Wehrdienstverweigerer ausgesetzt werden, ein Ende machen möchte. Würde es nicht genügen, den harten Ersatzdienst zu verordnen, der schwer genug ist, verglichen mit dem leichten Militärdienst, der nach der Grundausbildung nur noch in einer organisierten Faulheit besteht? Wäre der Ersatzdienst ohne diese Gewissensfummelei nicht abschreckend genug? Und wird nicht auch der überflüssig, wenn sich herumgesprochen hat, wie leicht in der Bundeswehr Geld zu verdienen ist? Ihnen verdanke ich die Eruierung der Tatsache, daß ein junger Hauptmann, der mit 32 Jahren entlassen wird, eine Abfindung von rund 80 000 DM erhält. Das ist ein hübsches mittleres Vermögen, zusätzlich zu dem möglicherweise Ersparten, zusätzlich zu den anderen Vergünstigungen, und ich wüßte keinen Beruf, aus dem ein junger Mensch mit einem solchen Batzen Geld auf der Bank mit 32 Jahren ausscheiden kann. Da komme noch einer und erforsche deren Gewissen, die einen solchen Job ablehnen. Es ist ein gutbezahlter, nicht sonderlich anstrengender und keineswegs diffamierender Beruf, jedenfalls nicht diffamierender als der Beruf des »Linkskatholiken«.

Wie ich aus »zuverlässiger Quelle« erfahren habe, soll es inzwischen in der Bundeswehr schon einen katholischen Moralterror geben, der sich ungefähr so äußert: Ein Offizier etwa, dessen Ehe geschieden wird, hat nicht nur wenig Aussicht auf Beförderung, er ist fast gezwungen, den Abschied zu nehmen. Das legt den Gedanken nahe, das Verteidigungsministerium und alle entscheidenden Pöstchen darin nach der nächsten Starfighter-Debatte ganz in die Hände des Bundes »Neudeutschland« zu legen. Saubere Führung, saubere Moral – und dann die »saubere« Bombe in diese sauberen Hände. Vielleicht könnte man dann in einer neu zu bedenkenden Liturgieform die Handwaschung während der Heiligen Messe wenigstens für Deutsche abschaffen. Wozu soll man solch saubere Hände mit schmutzigem Wasser in Berührung bringen? Auch die Beichtstühle müssen dann weg – dafür gibt's ja Irrenhäuser, Sanatorien, Kliniken, wo Seele und Leib das weißeste Weiß garantiert wird. Schließlich sind die Irrenhäuser, Sanatorien und Kliniken ja auch nicht viel mehr als Waschanstalten, und wehe dem, bei dem die Flecken nicht herauswollen, jene Flecken, die die wichtigsten Krankheitserreger, Liebe und Religion, hinterlassen haben. Das Endziel ist dann, sobald der Bund »Neudeutschland« das Bundeswehrministerium übernommen hat, nahe: eine saubere, katholische, auch zum schmutzigen Krieg bereite Armee.

Heinrich Böll
Frauen vor Flusslandschaft
Roman

Bonn ist der Schauplatz des letzten Romans von Heinrich Böll – ein Ort höchster politischer Aktualität. Was Böll jedoch interessiert, ist nicht die Tagespolitik, sondern das Netz der Beziehungen und Geschichten hinter den Kulissen der offiziellen Selbstdarstellung. Die Frauen der Politiker, sonst nur gesellschaftliches Beiwerk auf dem Bonner Parkett, rücken in den Vordergrund des Geschehens. Sie sind das heimliche soziale Korrektiv in einer Welt der Ränke und Skandale, die die Männer fast ausnahmslos umtreibt.

»Das hat es seit Thomas Mann nicht mehr gegeben: einen deutschen Schriftsteller, von der ganzen Welt als moralische Instanz gebilligt und geehrt.«
Marcel Reich-Ranicki, Frankfurter Allgemeine Zeitung

Kiepenheuer & Witsch

Heinrich Böll
Fürsorgliche Belagerung
Einmalige Sonderausgabe

Roman
Gebunden

»Dieses am direktesten und umfassendsten in die gesellschaftliche Gesamtwirklichkeit vorstoßende Buch Bölls ist zugleich sein menschlichstes. Es ist – überraschend bei dieser Thematik – ohne negativen Gegenspieler, polemisch gegen die Verhältnisse, nicht gegen die Menschen, die sie machen und ihre schuldigen Opfer sind, aber eben dadurch für die Gefahren, die aus unseren heutigen Zuständen erwachsen, den Blick öffnend, diese Zustände in Frage stellend, zum Leben und auch zum Kämpfen gegen sie ermutigend.« *Helmut Gollwitzer*

»Ein liebevolles Buch, ein notwendiges Buch. Auch ein kämpferisches Buch, wenn damit der Kampf gegen Unmenschlichkeit und ihre Ursachen und Folgen gemeint ist. Aber kein Buch mit politischen Rezepten für irgendeinen Sieg. Pessimistisch? Vielleicht. Optimistisch vielleicht auch: Was nämlich das Überstehen, das Bewahrenkönnen der eigenen Menschlichkeit betrifft.«
Erich Fried

Kiepenheuer & Witsch

Heinrich Böll
Ansichten eines Clowns
Mit Materialien und einem aktuellen Nachwort des Autors
KiWi 86

Ansichten eines Clowns ist vielleicht der Roman, der die heftigste und kontroverseste gesellschaftspolitische Diskussion nach dem Krieg verursacht hat – ebenso wie eine regelrechte Spaltung der literarischen Kritik in zwei Lager. Heute füllen diese, nun schon fast historischen Debatten um die Rolle des Katholizismus in der Bundesrepublik viele Aktenordner.

So ist es an der Zeit, den Romantext einmal zusammen mit den repräsentativen Stimmen dieser Kontroversen zu präsentieren. Darüber hinaus enthält der Materialteil Heinrich Bölls 1961 veröffentlichten *Brief an einen jungen Katholiken,* der zum Verständnis des Romans unverzichtbar ist, und Ausschnitte aus Carl Amerys im gleichen Jahr wie der Roman erschienenen Studie über den deutschen Katholizismus *Die Kapitulation.*

Besonderes Interesse verdient ein aktuelles Nachwort des Autors am Ende des Bandes aus dem Jahr 1985, in dem er die denkwürdige Geschichte dieses großen Romans der neueren deutschen Literatur im Rückblick reflektiert.

KiWi Paperbackreihe bei Kiepenheuer&Witsch

Heinrich Böll
Gruppenbild mit Dame

Mit Materialien und einem Interview des Autors
über seinen Roman
KiWi 101

Gruppenbild mit Dame, nach dessen Erscheinen der Autor 1972 den Literaturnobelpreis erhielt, ist vielleicht Heinrich Bölls wichtigster Roman, in dem alle Themen und Motive seiner früheren Werke noch einmal aufgenommen, variiert und in einen großen epischen Zusammenhang gebracht werden. Nicht zuletzt deswegen, aber auch wegen seiner komplexen, meisterhaft komponierten literarischen Struktur ist der Roman seit langem fester Bestandteil des literarischen Unterrichts an Schulen und Universitäten geworden. Gerade aus dem Bildungsbereich gibt es seit Jahren eine große Nachfrage nach zusätzlichen Materialien zu *Gruppenbild mit Dame* wie Rezensionen, Interviews oder literaturwissenschaftlichen Untersuchungen. Aus diesem Grund präsentiert der Verlag in der vorliegenden KiWi-Ausgabe den kompletten Romantext in Verbindung mit wichtigen Materialien insbesondere für den pädagogischen Gebrauch.

KiWi Paperbackreihe bei Kiepenheuer&Witsch